Mit liv som dranker

JOHNNY FRANK

Mit liv som dranker

© 2021 – Johnny Frank

Forlag: Books on Demand – Hellerup, Danmark

Tryk: Books on Demand – Norderstedt, Tyskland

Bogen er fremstillet efter on-Demand-proces

ISBN 978-87-4301-902-2

Indhold

Forord

Her er historien om mit liv – fra barndommen og til nu her i år 2020.

Nogle mener, at beretningen er lidt barsk, men jeg kendte ikke til andet dengang. Grunden til, at jeg vælger at berette om dette, er for at hjælpe andre, der mener, at der ikke findes en vej ud af problemernes labyrint – men det kan lade sig gøre ...

1972-1978

Hej, jeg hedder Johnny Frank, og jeg blev født og startede mit liv den 24. oktober 1972 på Nørrebro i København.

Jeg blev født af en alkoholisk mor og en kronisk stiv far, der var over alle bjerge, da jeg første gang viste mit ansigt til verden. Han blev kun omtalt som Kaj-Klat eller psykopaten, fordi han engang havde jagtet min mor, en, der blev kaldt Skralde-John, og mig igennem Fælledparken med en stor kniv, da jeg stadig lå i barnevogn. Næverne sad vist også lidt løst på ham? Jeg lærte ham aldrig at kende. De er begge døde af sprut og stoffer i dag. Min mor blev kun 53 år, og "Klatten" blev 54 år. Hvorfra kender jeg så hans alder? Jo, jeg blev dengang ringet op af hans ni år ældre datter, som jeg overhovedet ikke kendte eller anede eksisterede. Hun fortalte, at nu var "vores" far død, så hun ville bare høre, om jeg ville med til hans begravelse? Nej, ellers tak!

Betina hed hun, og vi aftalte at mødes under uret, inde på hovedbanegården i København, nogle uger efter. Vi startede med at gå op ovenpå, hvor der dengang var beværtning. I dag sender TV 2 Go' morgen og Go' aften Danmark deroppe fra. Mærkelig nok startede vi begge med en guldøl for at bryde isen. 1, 2, 3, 4 osv. Nå, men hun fortalte om sin datter og sit liv med kæresten Michael, og om hvor ulækkert der havde været i "Klattens" lejlighed. Hans trofaste hund "Rufus", hvis pels var fyldt med lort og lopper. Den blev omgående aflivet, fortalte hun. Vi fortsætter til et værtshus i Brønshøj, inden turen går, godt snalret, op i deres lejlighed. Jeg husker, at jeg hilste på hendes kæreste og datter og derefter blev overmandet af endnu et af mine mange, senere gentagne, blackouts. Den anden og sidste gang vi sås, var hjemme hos mig i Kalundborg.

– Det var ikke nogen søskendesucces!

Det skulle dog også vise sig ikke at blive nogen nem opgave for min mor. På det tidspunkt havde hun i forvejen en 2 år ældre datter (Tanja) med en anden mand. Hun blev bortadopteret til en familie i Sverige, da min mor ikke kunne magte opgaven – at passe på både et blindt barn og sin druk samtidig – men alligevel skulle hun da lige gøre forsøget igen og fik mig! Derfor blev jeg ofte passet ovre hos min mormor og morfar.

Johnny i klapvogn!

Når jeg så endelig var derhjemme igen, var der ofte råben, slagsmål, druk, knuste ruder – samt mine ture med politibilen, som jeg husker bedst. Rigtig tit gik min mor alene på værtshus om aftenen, når jeg var lagt i seng, og selv om hun prøvede at bilde mig ind, at hun lige ville gå ned for at købe noget pålæg, så stod jeg nede i Ahornsgade kort tid efter, for jeg smuttede da også lige ned fra 4. sal, iført nattøj og bare tæer, sent om aftenen og spurgte forbipasserende, om de mon havde set min mor. Efter en rum tid kom politiet igen, igen og hentede den dengang 3-4-årige knægt. Jeg kan huske, at jeg fik varm kakao, og at jeg gerne ville se min far i fængsel, hvor han sikkert kun fik jern at spise – og det blev så startskuddet på mit liv.

Min mor havde flere gange fået at vide, at det ville ende med, at myndighederne greb ind, fordi hun så tit forlod mig om aftenen og først kom hjem igen efter sidste udskænkning, hvorefter politiet kunne aflevere mig derhjemme igen. Hun fortalte mig det, da jeg var blevet noget større, og jeg så, hvordan tårerne trillede ned ad hendes kinder, imens hun fortalte mig om, hvordan det var foregået dengang, men det overhørte hun totalt alligevel, for hun mente jo ikke, at der skete noget ved, at hun lige gik ned og fik et par pilsnere med vennerne, når jeg jo alligevel skulle sove. Når hun kom hjem igen, smed hun de håndører, der var tilbage fra den foregående aften, på bordet i stuen.

En dag sagde hun til min mormor, at vi skulle ud og "købe træsko", men i stedet sendte hun mig på julemærkehjem, og fortalte hende bagefter, at jeg havde stjålet penge fra hende. Tja, de lå jo alligevel bare der på kakkelbordet i stuen, og den lille knægt var vel sulten og vidste, hvordan man kunne skaffe sig noget slik hos købmanden, der lå lige overfor, hvor vi boede. – Og så tog livet ellers fart …

Julemærkehjemmet i Ølstykke var en ret forvirrende tid for en Nørrebro-dreng som mig. Masser af andre børn med hver deres vanskeligheder og udfordringer. En lille dreng, der bare blev mere og mere ked af det, fordi jeg savnede familien og de mennesker, jeg holdt af. Faktisk anede jeg ikke, hvad der foregik i mit liv, og jeg begyndte så småt at blive bange for den store verden.

Jeg husker kun enkelte glimt af mit ophold på julemærkehjemmet, såsom morgensangen "I østen stiger solen op", og I guder, hvor jeg dog elskede den sang. En "plejemor", der døde, og at vi skulle være stille, fordi hun var død. Men hun var vist en meget respekteret ældre dame. Henrik på 10 år, der fik et Falck-klister-mærke – wow mand, hvor sejt! Og sådan et havde han fået, fordi han slog hul i hovedet. (Det ville jeg også, men jeg fik bare lidt ridser på knæene!). Gåturene i skoven og ved vandet erindrer jeg også, og brombærbusken, der engang fangede mig i sine klør på en gåtur – jeg skreg, som var jeg blevet suget helt ind i midten af busken! Det var dog bare en enkelt gren, der havde sat sig fast i min jakke, men københavneren var overhovedet ikke vant til grene med pigge på. Jeg husker også, at dét at skulle have vasket hår kunne få mig til at skrige og gå totalt i panik. Min grædende mor, der var ankommet en morgenstund for at besøge sit barn med en ordentlig omgang moralske og bagstive tømmermænd. Kælketurene – og rævene, der løb nede for foden af bakken – og Anders And-postkortet, som jeg hev øjnene af i afmagt + en tur på kro med min mormor, hvor jeg fik lov til at prøve en rigtig enarmet tyveknægt mange gange i træk.

Julemærkehjemmet

11

Efter cirka et halvt års tid på julemærkehjemmet kom jeg igen hjem til de trygge rammer hos min elskede mormor, morfar og moster, hvor det sort-hvide tv i stuen blev tændt indimellem, når der f.eks. var speedway med Ole Olsen eller Johnny Weissmüller, der var den farlige Tarzan ... Jeg troede, at livet nu skulle fortsætte som før. Men ak! Min morfar kom ind en morgen og fortalte, at han og jeg nu skulle ned til en plejefamilie i Kalundborg og besøge/godkende dem, og jeg husker tydeligt mit kontante svar: NEEEJ! Men sådan blev det altså.

En ny familie, som skulle kunne give mig mere end den opvækst, jeg havde nu. Min mormor og morfar var desværre blevet for gamle, og min moster og onkel var alt for unge til at tage mig i pleje – øv!

Min morfar, som var fra 1912, betød alt for mig. Når vi var sammen, gik vi ture til bl.a. ismejeriet ovre hos "Melgaard", imens han fortalte mig historier, blandt andet fra dengang han var på min alder. Vi gik også nogle gange over til bageren i Blågårdsgade for at købe rosenbrød. Han byggede alverdens ting af træ nede i sin kælder i Wesselsgade, fordi han var møbelsnedker. Eller når vi var ude i deres kolonihavehus, så cyklede vi. Engang tog vi ud for at fiske ved en lille sø i Herlev, hvor min mormor og morfar holdt til om sommeren. Jeg troede, min morfar var den eneste i verden, der kendte den lille sø, fordi den lå dybt inde et hemmeligt sted og langt væk fra omverdenen. Nu var det vores hemmelige sted, med kæmpefiskene. Jeg holdt rigtig meget af at være i kolonihavehuset. I bagklogskabens lys tror jeg måske nok også, at han havde en finger med i spillet, når det kom til overgive mig til en plejefamilie.

Årene 1978-1983

Endnu en gang, den 12. maj 1978, skulle jeg sige farvel til alt det, jeg elskede, kendte og holdt af, men jeg tog det med opløftet pande, for jeg anede jo ikke, hvad der ventede mig.

En snobbet og fattigfin VVS-familie, der nok skulle få styr på den lille københavnerunge – og jeg var bange. Tit og ofte fik jeg tæsk, både med bøjler, med støvsugerslangen og med en solid voksenhånd plantet lige i synet, så blodet sprøjtede ud af snuden på mig – bare fordi jeg f.eks. ikke sagde "nej tak", men bare NEEEJ! til den klamme ostemand, der spurgte, om jeg ville smage! (Jeg hader ost!). Der var også de verbale øretæver som "Jeg hader dig" eller "Vil du måske hellere være hjemme hos din fordrukne mor?" eller "Nu kan du sgu GÅ hjem" – og derpå satte hun sig bare ind i den store brune Volvo og begyndte at køre lidt væk fra mig. Jeg skreg af bare angst inde på den dengang store, firkantede parkeringsplads og rundkørsel, for jeg anede ikke, hvor jeg boede henne i verden. Dog var jeg loyal over for alle autoriteter og sagde intet forkert. Inge fra familieplejen kom en gang imellem forbi for at lave et tilsyn, men hun fik som regel bare en "plade" om, hvor godt det gik, og jeg turde ikke sige noget. Jeg er sikker på, at hun dengang havde fået sandheden, hvis hun blot havde trukket mig til side, men det skete bare ikke.

En af de betjente, som ofte havde samlet mig op inde på Nørrebro, boede nu også i Kalundborg, og han har senere berettet alt, hvad der var foregået og hvor tit. Han var blevet kriminalbetjent. Jeg skulle engang derned af helt andre årsager, da han pludselig spurgte: "Jamen er du ikke Johnny?" Og så fik vi en længere sludder, hvor han fortalte anekdoter fra dengang.

Faktisk fandt jeg ud af, at jeg havde magt over de fleste dyr, og det vil sige, at jeg lossede hunden bagi, når vi gik ned efter æg på bondegården med den lille gule spand med køkkenrullen i. Den hylede op, og jeg nød det, indtil den satans cockerspaniel sad med et fast bid lige imellem mine øjne (nemesis!), fordi jeg lå på gulvet og pustede den lige ind i hovedet. Så blev den aflivet, øv! Hvem skulle nu mærke min indre smerte og angst? Engang havde jeg "lånt" en lommekniv, og da der var mange små skovmus på landet, fiskede jeg engang en død én op ad den udendørs skraldespand og kørte hen på en græsmark, hvor jeg legede at jeg dræbte den og skar dens lille mave op (så kunne den lære det!). *Undskyld!*

Jeg startede i skole i 1979, og den skulle vise sig at blive mit fristed. Venner havde jeg dog ikke rigtig nogen af, men jeg lærte hurtigt at blive klassens klovn. Jeg lærte hurtigt at læse og regne den ud, men det var dog sjovere at lave masser af ballade, selvom jeg alt for hurtigt kunne dørens yderside udenad, bedre end indersiden, fordi jeg konstant blev smidt uden for døren fra 3. klasse. Mobning fulgte også med, og jeg tog de slagsmål, der var nødvendige, for at min videre færd i skolen kunne være tålelig og acceptabel for mig.

Jeg husker tydeligt den knude, jeg hver dag havde i maven, når jeg cyklede hjemad til den modbydelige, pengefikserede plejefamilie efter atter en ny dag med ballade, tæsk osv. i skolen. Jeg spiste ikke helt normalt, og mine madpakker (højtbelagt! Føj!) blev kylet ind i en hæk, når jeg cyklede hjemad, da jeg ikke turde komme hjem med en fyldt madkasse. Jeg begyndte at bide mig selv i underarmene og tænkte egentlig ikke nærmere over det. Der blev bare bidt rigtig hårdt igennem huden, og jeg nød den ekstreme smerte, jeg fik ud af det. Det svarer vel til at skære i sig selv? Det blev dog aldrig opdaget, og i dag er det næsten væk, på grund af mine tatoveringer. Nogle gange kom plejefaren for sent og fuld hjem, og fordi hun brokkede sig helt vildt, smadredes glasset i bryggersdøren 2 gange, da han knaldede døren i og kørte sin vej igen.

Min morfar døde desværre, kort tid efter at jeg var landet i Kalundborg, og jeg var ulykkelig, men forhåbentlig døde han med fred i sindet og en total uvidenhed om, hvad der egentlig foregik omkring hans barnebarn.

Billede af morfar

En dag i skolen havde jeg vist fået nok. Vi var kommet hjem efter et lejrskoleophold i Sønderjylland, og advokatens søn var ret ondskabsfuld over for mig, så jeg knaldede et temmelig tungt ringbind oven i skallen på den opblæste nar, så han gik ud som et lys – og så stak jeg af, for det kunne jo være, han var død. Lærerne stod nu endnu mere magtesløse og anede ikke, hvad de skulle gøre. For ikke nok med at de kun kunne styre mig i timerne ved enten at stritte mig ud ad døren eller at sende mig til en eller anden musikpædagog eller ind til ham der skolepsykologen, der havde 8-kantede guldbriller, og som gav chokolade – så havde jeg nu også slået en anden elev i gulvet. Alt var lort i mit liv, og jeg havde fundet en parkeringsplads på "øretævernes holdeplads".

Plejefamilien blev skilt i 1983, og jeg skulle flytte med plejemoren, selv om det egentlig ikke var det, jeg ønskede. Jeg ville gerne have været med plejefaren, fordi han drak, og det kendte jeg jo til (no fucking rules!).

Vi flyttede til en stor 4-værelses lejlighed inde i byen, og endnu et nyt kapitel åbnede sig i min bog.

Torben var stort set den eneste legekammerat, jeg havde dengang. Hans far var lastvognschauffør og var væk alle ugens hverdage, men når weekenden så kom, var han hjemme igen, og Torben og jeg spiste tyggegummi fra Tyskland til den store guldmedalje. Torbens mor hed Ilse, og hun arbejdede i en bank, og hun var en meget sød og meget jysk dame.

En aften gik jeg over til ham (vi var naboer), imens plejeforældrene stadig var gift, udklædt i julemandskostume, og han fik vist noget af et chok over den mærkelige lille "Jule-Børge", der nu stod få dage før juleaften uden for hans dør. Men efter lidt tid fandt han ud af, at det bare var mig, og vi gik grinende ind på hans værelse.

Jeg viste ham, hvad jeg havde neglet derhjemme: en masse tændstikker og en bid svovl. Så nu skulle vi rigtig hygge os med noget ild.

Der stank åbenbart af bål og brand i hele huset til sidst, for pludselig stod fru Ilse inde på værelset og spurgte, hvad pokker der foregik, og hvad vi dog havde gang i, og hvad vi dog brændte af, osv.

Jeg benægtede selvfølgelig alt, på trods af at Torbens skraldespand af plastik var fyldt godt op med afbrændt pap og papir og en masse afbrændte tændstikker. Ups! Jeg har vel været 7-8 år på det tidspunkt. Vores kontakt sluttede, da han flyttede til Jylland efter endt folkeskole.

Det med at brænde ting af var åbenbart ret naturligt for mig, for en aften derhjemme gik en masse papfigurer fra Falck op i røg, og asken blev bare strittet om bag min seng, og en anden gang prøvede jeg at futte min bogreol af! Gudskelov gik det ikke galt, hr. PYRO!

Efter skilsmissen var jeg for alvor i en identitetskrise, for balladen forfulgte mig, og jeg måtte nu prøve at finde mig selv endnu engang. Først skulle der dog lige prøves kræfter med bl.a. tobak, som Kim fra klassen og jeg fik råd til ved at stjæle penge fra hans (pudsigt nok) "skleroseramte" morfar, der jo alligevel bare sad der i en kørestol. Jeg syntes jo bare, han var en gammel mand i kørestol.

Vi var seje nu, røg smøger og hørte Kiss, og Kim gik i plastik-/læderbukser og havde ørering. Desværre blev jeg opdaget, da min jakke åbenbart lige skulle vaskes. Jeg fik at vide, at hvis jeg nu skulle til at ryge, måtte jeg sgu selv stå for den udgift, og dette kunne absolut ikke lade sig gøre for den bare 11-årige knægt med en 50'er om måneden i lommepenge!

Plejemoren nød alle sine liderlige bejlere, og engang tog vi med Kurt, "sundhedsfreaken", en tur på Eskebjerg Vesterlyng Strand. Jeg lå og plaskede rundt i min lille gummibåd i mange timer. Hun og helsefreaken Kurt var smuttet op i en "gryde" for at studere hinanden lidt i fred. Bagefter tog vi hjem.

Dagen efter havde jeg fået et voldsomt solstik, så jeg var rigtig syg og lavede ikke andet end at kaste op eller sove. Jeg havde ondt overalt på grund af forbrændingen, men efter en uges tid uden mad kom sulten voldsomt tilbage igen. Jeg var en tynd lille dreng og nu også vegetar. Den ugentlige zoneterapi pga. manglende koncentrationsbesvær var nu også inde over, og jeg tabte mig bare mere og mere. En dag spurgte jeg "sundhedsguruen" Kurt, om ikke jeg kunne få en kødpølsemad, men svaret kom prompte: næ nej, du kan få en gang hirsegrød (føj for sa …!). Nå, men jeg kom da nogenlunde helskindet igennem den vanvittige periode, og deres knalderi var vist også slut for denne gang, og den der zoneterapi hjalp ikke noget som helst, ej heller "vegetarstuntet!"

I stedet fandt hun så en stinkende rig maler (malersyndrom!) i 1984. Han købte et vinkelhus, som han og hans søn på 18 år, plejemoren og jeg flyttede ind i, og det blev et år, som jeg sent skulle glemme, for selv om jeg var begyndt at gå til guitar på musikskolen, og musikken stod i høj kurs, var jeg stadig en bandit, og balladen var min vej frem (mente jeg).

Jeg var bare blevet navngivet efter fødslen og ville derfor gerne døbes, så jeg kunne blive konfirmeret sammen med de andre fra klassen – og dog husker jeg, hvor pinligt det føltes selv at skulle sige JA! til præsten, at man gerne ville døbes i den kristne tro, og derfor stod jeg da også bare med bukket hoved og gloede ned i gulvet under hele seancen – ak ja! Men nu kunne jeg da få gaver, når den store dag kom.

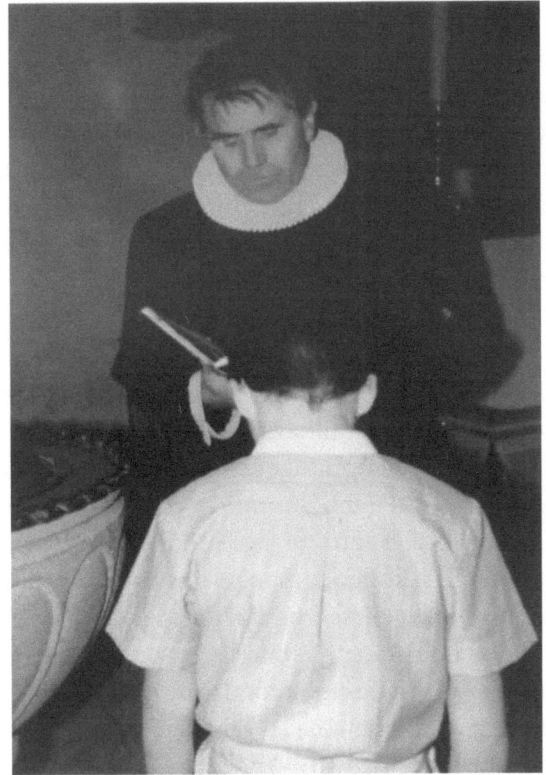

Billede fra min dåb

Vi havde ikke boet der så længe, før jeg fandt ud af, at manden (Alf) ikke kunne fordrage andre end sig selv og sine egne voksne unger. Hans tidligere kone var død af en sygdom, og derfor blev det så bare gengældt, med fuldt overlæg, fra min side ("pis aldrig på en skorpion!"), for det var da ikke min skyld, at hun var død.

18

Rapserierne, rygningen og hangen til noget nyt og spændende blev hverdag og tog fart. Jeg blev indimellem spurgt, om jeg ville passe genboens unger et par timer om aftenen, og klart, jeg gerne ville score nogle penge – 75,- pr. gang. De havde også en stor vinbowle, som var fyldt næsten helt op med mønter, så det var bare en hue rundt om hullet, tippe den lidt til side, og så havde jeg penge på lommen igen – indtil jeg havde gjort det et par gange og blev opdaget, fordi jeg ikke havde samlet de mønter op, der var røget på gulvet, og det var så den tjans!

Selv om jeg hadede det, gik jeg til fodbold, men populariteten ville ingen ende tage, når jeg kom med masser af slik og romkugler, som var købt for stjålne penge. Mr. Malersyndrom havde nemlig en stor bøtte, der engang havde været slik i, og som nu var næsten fyldt op med 20'ere, 10'ere, 5'ere osv. Det var bare op i skabet og skrue det grønne låg af og haps, så var der igen penge til smøger og slik (fedt nok!) – og drønnemt, når man nu ingen penge havde.

Engang skulle mit Club 8-reolsystem laves af maleren, og derfor satte jeg en stor, gammel højttaler helt ud på kanten, i håbet om at han fik den lige ned i skallen – og den mission lykkedes perfekt, og blodet løb ned i ansigtet på ham, imens han bandede og svovlede over mig. Jeg husker stadig den indvendige fryd.

Engang skulle jeg være alene hjemme i huset, fordi de skulle til folkedans en aften. Yes, nu skulle jeg lave telefonfis, ryge smøger og bare lave en masse ballade. Desværre kom jeg til at smække mig ude, efter jeg havde ringet og råbt alverdens skældsord ind i røret til en masse forskellige mennesker. Nu var gode råd dyre. Skulle jeg mon smadre en rude? Eller prøve turen ned igennem skorstenen ligesom julemanden? Jeg endte med at cykle rundt i kvarteret for at udtænke en genial plan. Det endte dog med, at jeg lagde mig ind på bagsædet af den lille grønne Fiat 127 og tog det orange tæppe over mig og faldt i dyb søvn. Heldigvis opdagede de mig, da de kom hjem fra danseriet.

En anden aften husker jeg, at de var ret forkølede og derfor skulle have en meget stærk gløgg med snaps og 80% Stroh-rom i, så de kunne svede sygdommen ud. Jeg fik også en lille krusfuld, men lige pludselig drejede hele stuen rundt, og jeg måtte bæres i seng.

Fuck hvor jeg dog hadede mit liv, verden og min angst. Jeg begyndte at lave de mærkeligste ting. Pisse på spejlet i fritidsklubben, jeg gik i, stjæle de mærkeligste ting, såsom viskelædere og stiftblyanter hos boghandleren, kaste store sten på frøerne og skrubtudserne nede ved mosen og brænde græshopper, edderkopper eller fluer med et forstørrelsesglas. I bagklogskabens lys var disse ting vistnok noget, jeg gjorde i ren afmagt.

Endelig skulle vi flytte igen, hvilket jeg så frem til, for så vidste jeg, at tiderne, hvor jeg bl.a. kogte mælk til kakao i en tekande, så det sprøjtede ud over hele køkkenet, eller lavede andre former for ballade, vistnok var forbi – og igen skulle jeg prøve at starte på en frisk.

1984-1990 – flytte igen

Asser Rigsvej (Grønnebakken) i Kalundborg var et ok sted, et lille fint rækkehus med 2 værelser og en lille have. Jeg skiftede endelig skole, på samme tid, og tænkte "bare det her nu kan lade sig gøre".

Jeg gik 6. klasse om, da jeg ikke havde lært tilstrækkeligt på den gamle skole, og det passede mig ret godt at være den ældste i den nye klasse. Et eller andet må have sagt, at jeg hellere måtte tage mig sammen, for jeg faldt hurtigt ind i sammenholdet og nød det. De andre i klassen vidste godt, at jeg var en ballademager, så de ventede blot på, at jeg skulle slå mig løs igen. Men den gamle "rod" var sat på standby.

En dag gav klasselærerinden Dorthe os stil for, hvor vi kunne vælge at skrive om enten det ene eller det andet. Jeg skrev så bare begge to og frydede mig, da de var rettet og hun kiggede på mig og sagde: "Jamen dog, du skulle jo kun, have skrevet én stil!" Ha! 😂 Så var jeg i gang med mit nye image.

Tiden gik, og jeg skulle nu konfirmeres. Og selv om jeg på et tidspunkt blev snuppet af en af køkkendamerne, fordi der blev kigget lidt dybt i en Martini-flaske, var det nu alligevel en alle tiders fest. Plejemoren var halvstiv og skæv af sprut og nervepiller. Pludselig fortalte hun min moster, at hun gerne ville adoptere mig, og hvor mange penge jeg skulle arve, når hun engang døde, og bla bla. Penge og status på den måde har egentlig altid raget mig (næsten). Det er vigtigere at kunne klare sig helskindet igennem dagen.

Jeg havde dog fået så mange "gryn" i konfirmationsgave, at jeg endelig kunne købe en elguitar og forstærker. Yes! Bare en billig kopi, men nej hvor var jeg glad for den.

Vi var nogle rødder, der begyndte at "jamme" lidt sammen hver søndag i Nyrupskolens musiklokale, og så trillede vi ud og spillede for folk. Jeg var forsanger og guitarist dengang, og jeg elskede det.

Da jeg var kommet i ottende klasse, fik jeg arbejde som bydreng i en herretøjsforretning, hver dag efter skoletid og om lørdagen fra 9 til 13, til 2500,- om måneden. Så igennem et par år fik jeg lavet en nogenlunde solid opsparing, og allerede der havde jeg en drøm om at flytte for mig selv og leve mit helt eget liv.

Skolegangen gik fint, og når vi skulle holde fest, stod jeg altid forrest i køen til at kunne drikke mest – men dengang så jeg ingen advarselslamper overhovedet. Det var jo bare skæg og ballade. Jeg havde også en tom vodkaflaske, som jeg indimellem fyldte op fra hendes barskab. Jeg blandede Gammel Dansk, 80% Stroh-rom, vodka, Martini, Grand Marnier og Pisang Ambon (føj da!). Det virkede, og jeg blev mærkeligt nok aldrig konfronteret med, hvor hendes spiritus mon blev af.

Mit afgangsbevis fra folkeskolens 10. klasse var ok, så jeg startede på EFG i jern og metal i Holbæk.

Mange af mine ferier holdt jeg inde hos min mormor i Wesselsgade på Nørrebro. Min mor boede i Jægersborggade, og jeg nød turen gennem Assistens Kirkegård, når jeg lige ville over at sige hej. Min mor blev altid rigtig glad for at se mig, uanset hvor påvirket hun var. Jeg blev kaldt hendes "smertens barn", og jeg vidste, hvad hun mente.

En dranker-lejlighed kan lugte rigtig slemt, og derfor var mine besøg heller ikke så lange, for der stank og rodede. Askebægrene var også fyldt godt op. Hun havde ikke telefon, så jeg måtte altid komme uanmeldt, men det gjorde nu ikke noget, for der var altid højt humør, og hun var aldrig alene. Når jeg gik derovrefra, sagde hun altid "tak for det franske visit". Første gang jeg var derovre, viste hun mig det værelse, der var mit, hvis jeg nogensinde kom tilbage, og så græd hun igen. Tanja havde hun ingen kontakt med.

Min mor og Kost på bænken

Jeg købte mig en lille aluminiumsjolle, som jeg fik mange timer til at gå med at slibe og male. Endelig stod den klar til at få den lille 4 hk Johnson-motor på, og jeg var pavestolt, for der var jo lidt færing i mit blod. Men efter et par gode år måtte jeg desværre sælge den, da jeg hellere ville have kørekort til bil.

Plejemoren fandt sig en ny kæreste efter nogle mislykkede forsøg med nogle underlige "spader". Knud Erik (Nuser) kom som sendt fra himlen og ned på "Grønnebakken", og han lærte mig mange forskellige ting om blandt andet bilmotorer og fiskeri, men han spillede også banjo, og tit spillede vi sammen: Beatles, John Mogensen, Otto Brandenburg, Kim Larsen med flere, og så kunne vi godt glemme alt om tid og sted, når der var gang i vores duo. Desværre var han kvartalsdranker, og efter en del ture kunne jeg ikke redde ham længere, og hun smed ham ud – øv!

Det år tog min kusine og jeg så til Færøerne i sommerferien, inden jeg skulle starte på EFG i jern og metal. Min morbror og tante, mine kusiner og min fætter havde et dejligt stort hus på Suderø, hvor jeg kunne bo – og sikke nogle dejlige uger med masser af fiskeri, men jeg kunne altså også kun fange fisk, for hende, jeg havde udset mig, undgik mig helst, måske fordi hun jo nok vidste, at jeg senere tog hjem igen. Grindefangst fik jeg også oplevet på allertætteste hold, og sikke et blodbad samt en kæmpe oplevelse.

Grindefangst

Bagefter flyttede brandmanden (Rage-Jørgen) ind. En klam, fed stodder, der altid lige skulle "klemme" mig – lige indtil en dag, før vi skulle spise, hvor han pillede ved mine skuldre! Jeg vred mig løs og råbte så højt ad ham, at han kørte sin vej, den klamme stodder, og hold kæft hvor jeg ønskede svinet langt væk. En dag havde han fået et brev fra kommunen, og efter jeg havde gennemlyst kuverten, som anvist af plejemoren, viste det sig så, at han havde en ret ny baby et sted omkring København, som han betalte børnepenge til, men det havde han vistnok lige glemt at oplyse hende om, inden han flyttede ind. Ud med ham!

En dag i 1990 måtte jeg bare væk – fra alt og alle – for mit bæger var fyldt til bristepunktet, og jeg brød totalt sammen, for jeg havde fået nok af at rende rundt og lade som om, at alt var rosenrødt. Så jeg fandt mig hurtigt et nyt sted at bo, hvor jeg bare kunne få lidt fred og bare kunne være mig selv.

Færøske huse

At flytte hjemmefra

Jeg havde fået læreplads på en maskinfabrik i Kalundborg og vidste, hvor fedt det var, når jeg drak. Hæmningerne forsvandt, og angsten var væk. Sådan havde det allerede været længe, og derfor var antabussen også godt kendt, men jeg nød dog alligevel også de daglige ture til havnen i "frokostpauserne", hvor vi bællede 3-4 Tuborg på en halv time – aaaahhhh!

Jeg var flyttet ned i en kælderlejlighed med eget køkken og bad, eller det var faktisk hele underetagen på en stor villa.

Plejemoren fandt sig vist en millionær, og så kunne de sgu da sidde og tælle hans døde penge i fred – ha ha!

Endelig var jeg fri, og en aften cyklede jeg omkring alle værtshusene i byen – noget trak i mig. Jeg mødte nogle, jeg kendte, og de spurgte, om jeg ikke ville med ned på "Centralen" for at drikke en øl, og jo, jeg blev vildt glad for, at de spurgte mig. Det blev til et ca. 2-årigt venskab med Karina, *fordi* ...

Hendes mor arbejdede på et andet værtshus, der hed "Slap a", og det gjorde jeg så. Drak og spillede, og en gang imellem måtte vi lige have et raskt lille slagsmål, fordi vi var lidt for provokerende over for hinanden. Så kom strisserne, og vi fik nogenlunde styr på situationen igen.

Det var en tid, hvor jeg gik fra at være barn til at være voksen – på no time! Alt skulle prøves og undersøges.

Huslejen i min kælder var på kr. 1350,00 om måneden, og det var en ok husleje, men når alkoholforbruget stille og roligt voksede, var der ikke mange penge til mad. Derfor levede jeg tit af æbler, vand og rugbrød, som jeg stjal ovenpå, når jeg vidste, udlejeren var kørt. Så derfor er sult ikke noget fremmedord for mig, og at spørge om hjælp fandtes ikke i mit stædige univers. Stadig skulle jeg dog kunne køre på, når jeg var på job, og ofte, når jeg havde fri fra fabrikken, måtte jeg køre direkte hen til havnen for at fange en torsk, en hvilling eller nogle sild, som jeg så kunne tilberede med ris og ingen sovs – efter 3 dage uden mad. Men jeg blev mæt, og hurtigt fandt jeg ud, at havregryn med vand og sukker også mættede. Endnu senere har jeg fundet ud af, at putter man ingredienserne i en varm gryde, bliver det til havregrød. Det er bare absolut ikke favoritten, da der er blevet spist lidt for meget grød i mine helt unge år.

Billede af min fordrukne gamle mor

Dagene gik, og jeg følte mig endelig helt tilbage i mit rette element, for jeg elskede musikken, lyden af billardkugler, der blev stødt til, folks råben og det røgfyldte lokale generelt. Dog skulle min læreplads på fabrikken samtidig passes kl. 06.30-14.30, og det var i alt slags vejr. Nerverne sad dog indimellem godt uden på tøjet, på grund af alt for lidt søvn, manglende mad og for meget druk. Min læretid skulle bare overstås!

1993 var det år, hvor min biologiske mor døde, efter mange års druk. 53 år blev hun kun, og jeg blev vanvittig ked af det, selv om jeg jo egentlig ikke kendte hende særlig godt. Nu kunne jeg udnytte rigtig mange situationer til mere selvdestruktivt misbrug, for hvis hun kunne, ville jeg også have det sådan. Som 12-13-årig spurgte jeg hende direkte, om hun aldrig havde fortrudt sin måde at leve på. Men nej, for hendes liv havde jo faktisk været én lang fest. Min moster ringede en eftermiddag og fortalte, at hun lå i dyb koma på Rigshospitalet. Jeg tog derind og sad ved hendes side, lige indtil hendes sidste åndedrag.

Jeg flyttede fra mit kælderværelse til en 2-værelses lejlighed inde i byen for arven på 10.000,- eller den førtidspension, hun aldrig nåede at bruge, inden hun døde. Lejligheden var rigtig lækker, og selv om underboen altid brokkede sig over larmen (en gammel lejlighed fra 30'erne), var jeg i den syvende himmel over den. Nu kunne jeg lukke og låse min dør, vande min potteplante og læse min avis i fred, som Erik Clausen siger i filmen "Midt om natten". Jeg skulle rigtig nyde det, for det var min. Men i stedet for blev det et par år med arbejde, druk og ensomhed og med mine egne indre dæmoner, der pludselig fik mig til at skvatte eller pisse i bukserne, når jeg gik hjem fra værtshuset – og alle mine rystelser om morgenen! Efter at jeg havde boet et års tid i lejligheden, vågnede jeg op med en vild, brændende fornemmelse i venstre side af ansigtet. Jeg havde fået helvedesild, og I guder, hvor jeg dog lignende en "spade". Lægen udskrev en kur, og snart efter stoppede smerterne, men nu så jeg da endnu værre ud, med gule, betændelsesagtige sårskorper – føj da! Jeg har stadig et stort ar over øret efter den omgang.

Et firma i Sønderjylland havde i 1994 købt fabrikken, og jeg blev spurgt, om jeg ikke ville med. Tjoh, for jeg var egentlig fri som fuglen og kunne gøre, hvad der passede mig.

Desværre gik der virkelig rigtig meget "Blå Nykøbing" i den, og efter endnu en våd tur i byen mødte jeg halvfuld op på arbejde med 2 blå øjne – efter en slåskamp, hvor der var blevet bokset igennem. Den kunne ikke rigtig bortforklares, og pludselig ville de slet ikke have mig med til det sydlige Jylland. Jeg havde ellers købt bil og så frem til billige dåseøl i Tyskland.

1995 – og sikke et år

Jeg havde lige mødt en pige, hvis efternavn jeg dårlig nok kendte, før hun var gravid – ups! Det her var for en gangs skyld ikke bare tilfældig sex, og derfor sagde jeg også straks ja, da hun spurgte, om vi mon skulle beholde barnet. Vi kørte op til hendes forældre, og jeg husker tydeligt, hvor smaddernervøs jeg var, fordi jeg havde gjort deres datter på 19 år gravid. Men jeg mandede mig op, og det eneste spørgsmål, jeg fik fra hendes far, var: "Hvorfor drak I ikke bare te i stedet for?" "Too late, sir!"

Hun var ovenikøbet forlovet med en anden gut, der hed Kenneth, og han sad den aften og spillede smart over for mig. " ... ja altså, vi er bare bollevenner nu". Lige netop den sætning "kastede" hende nærmest i armene på mig og ham til krisepsykolog, men jeg var iskold. Han blev købt ud af deres fælles ejerlejlighed, og jeg flyttede ind i stedet for.

Den første tid gik med at samle møbler til "Lille Blyp" og male m.v.

Jeg arbejdede som maskinarbejder i Jyderup, men i en frokostpause havde en eller anden lånt den excenterpresse, som jeg stod ved, og han havde så ikke stillet kiloene på pressen tilbage. Stemplet blev smadret ned i de hjørner, jeg var ved at standse, og et stykke metal på størrelse med en hasselnød fløj direkte ind i højre side af brystet på mig. Nu havde jeg da også prøvet at blive skudt!

Jeg blev hasteopereret og fik fjernet fremmedlegemet, der langsomt var på vej over mod hjertet. Jeg var ret bange, fordi mine pårørende havde fået historien genfortalt fra sygehuset, og der havde jeg pludselig fået en "plade" igennem maven (hvor fa'n kom den fra?). Fyresedlen lå klar, da jeg kom tilbage fra mit sygeleje.

Min førstefødte blev efter en lidt hård omgang og med en del komplikationer født på Kalundborg Sygehus. Jeg var 23 år og absolut ikke vant til fosterfedt og en blodindsmurt baby, der ovenikøbet ikke kunne komme ud, fordi navlesnoren var viklet rundt om hans spæde hals et par gange. Han måtte tages ud med "cup", og derefter blev han kørt til Holbæk Sygehus for at blive tjekket igennem, om alt var ok!

Min førstefødte

Kalundborg Sygehus er senere blevet lavet om til asylcenter, eller hvad de nu bruger det til i dag. Lejligheder måske?

Jeg kørte hjem efter en meget lang arbejdsdag og en lige så lang nat, jeg drak nogle øl og et par flasker rødvin og skrev så et langt velkomstbrev til knægten, for det var den største oplevelse ever! Tårerne trillede ned ad mine kinder, imens jeg skrev.

Lige der fandt jeg ud af, at jeg måske var lidt kvartalsdranker.

Knægten kom hjem sammen med sin mor og mig efter nogle

dage på Holbæk Sygehus, hvor han skulle observeres. Lynhurtigt fik han børnesår i hele hovedet, og han lignede en lille "alien", men han var noget af en guldklump alligevel!

Jeg fik senere arbejde i Høng, hvor jeg blev rigtig glad for at være. En dag var en af drejebænkene ved at løbe løbsk i langsom tilspænding, og jeg ville løbe over for at standse den, men det kunne jeg ikke. Jeg nåede dog lige at stoppe maskinen, inden det gik galt, og derefter gik jeg hen og delte en "skider" ud til ham, der lige var gået ud for at ryge! Nu kunne jeg pludselig ikke løbe mere, og jeg så grønt, når min hånd blev holdt op for det venstre øje, og det undrede mig meget. Jeg fik så en tid hos doktor Schou, der engang havde været i lære hos en professor, og derfor mente han, det måske kunne være sklerose – og han skulle da lige have med, at jeg nu var med i en eksklusiv klub på cirka 5000 menne- sker! Min kommentar var bare: "Ja ja, jeg har lige fået en søn, og vi skal ud at spille fodbold en dag, så kan du ikke bare stikke mig nogle piller?"

Så nemt skulle det bare ikke gå for den 23-årige, nyudklækkede daddy. Dissemineret sklerose er desværre stadig en uhelbredelig og invaliderende sygdom. Læger og forskere verden over forsøger stadig at knække koden.

Jeg arbejdede videre, for bare opgive ville jeg ikke, men da det var fjerde gang i arbejdstiden, jeg måtte køre til undersøgelse, og en indlæggelse på 1 uge oveni, for så at få den endelige dom, blev jeg selvfølgelig også fyret fra arbejdspladsen i Høng.

Det var en hård tur hjem fra Holbæk Sygehus den dag.

Jeg var ret rystet over, hvad der lige var hændt mig, og var sikker på, enten at jeg var underlagt og besat af den ondeste ånd i verden, eller at det hele åbenbart bare skulle være rigtig bunduretfærdigt. Jeg kørte ind på en tankstation på hjemvejen, hvor der blev købt 4 ½ liter elefantbajere. Kørte så småberuset ud til skoven på Røsnæs, hvor grantræerne har den mest knudrede bark, for nu skulle jeg afreagere over mine første 23 leveår. For selvmord var dengang kun for skvat, og egentlig turde jeg heller ikke. Jeg fandt endelig mit træ langt fra alle stisystemer og slog så, med knyttede næver, ind i barken, imens der bare blev tænkt: "Hvorfor lige mig?" og "Hvad gør vi nu, lille du?" Jeg følte ingen fysisk smerte, selv om blodet løb ned over mine sårede hænder – BANG, BANG, BANG, BANG. Jeg græd højlydt, og tårerne trillede ned ad mine kinder imens, for afmagten havde vundet første omgang. Men min stædighed og mine overlevelsesinstinkter blev der virkelig hårdt brug for nu, for det andet kunne jeg ikke være bekendt over for min kæreste og lille dreng. For hulen, skulle jeg nu pludselig til at være invalid og ikke spor bevendt? Ifølge neurologens statistik var tidsrammen for, at jeg ikke kunne gå mere, på det tidspunkt gennemsnitligt 5 år! ALDRIG I LIVET!

Jeg kørte hjem til lejligheden, vaskede mine møgsmadrede knoer og holdt historien for mig selv, for ingen skulle belemres med mine problemer. De blev bundet forsvarligt ind i lidt gaze, som der dengang lå til fri afbenyttelse til medlemmerne af Falck, så det var jeg lige et øjeblik – not!

Tænk nu, hvis jeg kunne blive en rigtig god far for den lille purk – wow, det kunne ellers være dejligt, hvis den ekspedition skulle lykkes.

Vores penge var ret små, og vi måtte leve af billig medister rigtig ofte, så også sønnen fik mad hver dag. En dag ringede et vikarbureau til mig, da de manglede en mand, der kunne arbejde med CNC, finmekanik og montage samt stå ved en almindelig drejebænk, plus at jeg skulle fræse diverse emner. Jeg sagde straks ja tak, for lønnen var god, og kunne standarden højnes en smule derhjemme, ville jeg være lykkelig. Selv om jeg var begyndt at trække lidt på det ene ben, var de rigtig glade og tilfredse med mit arbejde. Efter ca. 3 måneder blev jeg spurgt, om jeg ikke ville fastansættes på fabrikken i Stenløse. "Tjo," svarede jeg, "min bil er ved at stige af, så hvis jeg kan få firmabil, har vi da en aftale". Det kunne han desværre ikke, så farvel og tak til Stenløse Maskinfabrik.

Inden min pension trådte i kraft, begyndte jeg på en højere handelseksamen, men jeg kunne ikke rigtigt følge med og faldt i søvn i timerne, så det var den arbejdsprøvning. Jeg blev tilkendt førtidspension i 1996, og jeg fik så diverse skånejob som bl.a. pedel og hjælper i forretningen hos en bådebygger.

Efter et års tid skulle vi flytte op til en handicapvenlig bolig, dog med trapper op til første sal, hvor toilettet og vores 2 børneværelser og soveværelset lå. Haha! (kommunal joke). Men jeg var nogenlunde til bens dengang, selvom jeg var begyndt at gå med en krykkestok og havde fået handicapbil, hvor min minicrosser kunne komme ind og ud bagi, når vi skulle nogen steder.

Damen og jeg levede lidt i hver vores verden, for jeg nægtede at overgive mig, og hun gjorde alt, hvad hun kunne, for at gøre alt klar, til hvis nu jeg blev hurtigt syg. Det var mig, sygdommen var indeni, så jeg var ret ligeglad med, om der kom det ene eller det andet hjælpemiddel indenfor dørene.

Jeg genoptog mit drikkeri i det skjulte, og i nogle weekender hyggedrak vi med vennerne, og så kunne jeg med velbehag gå lidt uden for mig selv i det øjeblik.

Når hun arbejdede om aftenen, drak jeg rødvin, selv om jeg så dårligt nok kunne gå op ad trappen, hvis drengen græd. Jeg var pludselig bare så ansvarsløs og ked af det, men min underbevidsthed ignorerede det fuldstændigt!

Den 13. december 1997 sad vi og fik gløgg og æbleskiver sammen med hendes forældre, da damen skulle føde igen. Denne gang fik vi også en pragtfuld lille dreng, og jeg var stolt som en pave. Da han var ca. 1 år eller deromkring, fik vi børnene passet og tog 1 uge til Tyrkiet for at prøve at finde os selv. Whisky, tyrkisk rødvin og masser af "Efes-øl" blev hældt i halsen, men jeg svedte som et sv.. og blev vist aldrig rigtig fuld.

I 1999 giftede vi os og blæste på Kalundborg Kommune og lønnedgangen i min pension. Vi gik i banken og fik et lån og grønt lys til at købe et lille, billigt hus.

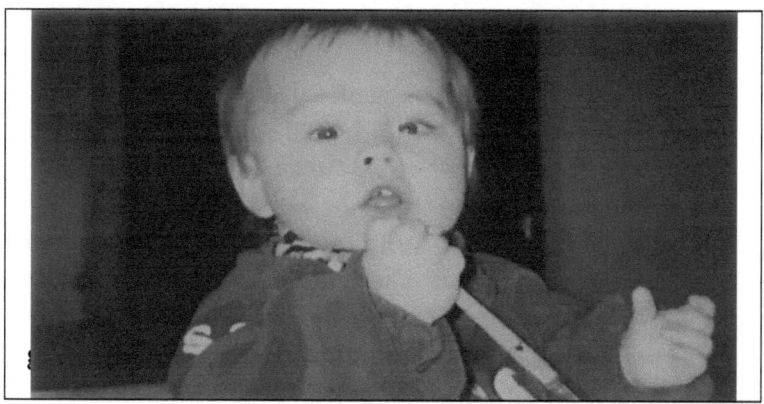

Min anden søn

Vi fandt et gammelt, faldefærdigt og udtjent et med nikotinen løbende ned ad væggene, men vi var nu kommet væk fra trapper og følte, vi havde fundet et fantastisk hjem til os og vores 2 drenge på 2 og 4 år.

Der stod jeg så, 27 år, og jeg elskede min nye status: ægtemand, skleroseramt murstensejer og far til 2 dejlige drenge. Så nu havde livet vel ikke ret meget mere at byde på – vel ikke andet end en skøn tilværelse i "trædemøllen".

Jo, det må jeg da indrømme, det havde!

Vi knoklede om natten, skiftevis, for at ordne det gamle hus, og jeg fik som regel besøg af broderen til hende, jeg var gift med, og så vankede der ellers bajere og Gammel Dansk. Der blev drukket natten igennem, imens jeg fik skrabet noget af alt det gamle tapet ned.

Hytten var nu beboelig, men allerede i december 1999 kom der en vild storm, som væltede vores vestgavl ind over huset.

Er det sådan, myrerne har det, hver gang de lige har opbygget deres bo? Så forstår jeg godt deres vrede over, at en eller anden kæmpefod bare vader oven på det, de lige har brugt rigtig mange timer på at opbygge. Men de fortsætter dog, og det samme gjorde vi …

Der blev bygget om og revet en væg ned mellem stue og køkken, så det var handicapvenligt, hvis jeg en dag skulle i kørestol. Dørtrin og badekar røg også ud. Det gamle hus fra 1962 var nu

35

rigtig beboeligt. Vi hyggede os og fik anlagt ny græsplæne, bygget et legetårn og opstillet et lille legehus til vores børn og var enige om, at "Os med hus og have har nok at lave!"

Der var nu bare et lille problem, og det var, at der var flyttet en sprutdjævel permanent ind i min krop. Men nu havde jeg klaret så mange andre ting, så mon ikke dette lille problem kunne klares med lidt viljestyrke? For jeg kunne da bare lade være?

Alligevel blev der samlet et mindre forråd af diverse flasker, og jeg byggede mig et lille skur til græsslåmaskine, haveredskaber m.v., hvor det faktisk kun var mig, der kom. Jeg gravede et hul og lagde flaskerne derned og lagde en plade hen over hullet, og derefter blev græsslåmaskinen kørt på plads ovenpå.

Da vi nåede nytåret år 2000, skulle det rigtig fejres, men jeg følte, at alle kiggede på mig, fordi der var alkoholfri rødvin og Tuborg Light ved min plads. Føj! Dagen før havde jeg haft en god og forsvarlig brandert på igen. Fruen og hendes forældre forlangte, at jeg kom på en livslang antabuskur igen – ellers skulle ungerne og deres mor nok finde sig et andet sted at bo! Jeg oplevede år-tusindskiftet pinlig ædru som en af de få i verden. Der var en sø i nærheden, og jeg ville bare gå derned og drukne mig, når nok var nok, for morsomt var det her ikke. Det nåede gudskelov ikke at ske.

Jeg kedede mig ude på bøhlandet, for der skete ikke rigtig noget. Når konen tog på arbejde, drak jeg lidt, og præcis 8 timer senere var jeg igen ædru, for det meste i hvert fald.

Økonomien stod jeg ikke for, og det var vist et meget klogt træk, for jeg havde vist brugt rub og stub den første uge i hver måned.

Vi måtte redde vores allerede dengang forliste ægteskab, så i 2001 fik vi en dejlig lille datter, og endnu engang var jeg sikker i min sag: Nu var det altså slut med al den druk.

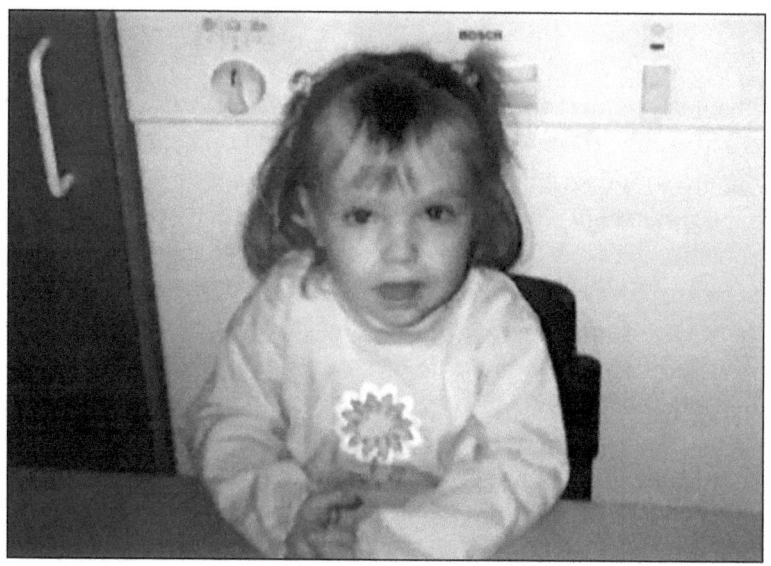

Billede af datter

Nu skulle jeg være ægtemand og en rigtig faderfigur, som børnene kunne være stolte af. Først byggede jeg en kæmpe terrasse i træ til os, med springvand og en stor, flot blomsterkumme. Jeg fik også lavet en trailer til minicrosseren af en gammel trillebør. Jeg kørte tit ud til stranden med vores tre børn. Der fik vi gået nogle dejlige ture, og de fik lov til at boltre sig, og jeg fik frisk luft til hjernen. En gammel, brugt campingvogn på afbetaling blev det også til, med fortelt og det hele. Min datter var bare 14 dage gammel, da hun var med på campingtur for første gang. Vi var fastliggere, og vi nød det.

Når børnene var sendt af sted i institution og konen var kørt på arbejde, var jeg endelig alene og kunne lave alle mine små narrestreger i fred og ro. Tiden måtte planlægges nøje, så jeg ikke var synligt påvirket, når den lille familie kom hjem igen om eftermiddagen. Selv om det lykkedes i rigtig mange tilfælde, gik det også rigtig galt indimellem, hvor jeg var fuld, når de kom hjem. Men undskyldningen var som regel, at det var på grund af min sklerose, og at jeg måtte have noget alkohol, så mine nerver kunne holde sig i ro. Det samme skete, når vi var på camping, for var der ingen øl, var der altid en flaske billig whisky til vores irish coffee eller Gammel Dansk, hvis vi skulle have en kop kaffe og en bitter om eftermiddagen. Når hun var ude af forteltet og ude i bilen, på vej på aftenvagt, smuttede jeg da lige op i vognen og skyndte mig at bælle. Det skete flere gange om aftenen, og en dag skvattede jeg pissefuld over gasvarmeren ude i forteltet, så den brændte mig direkte op i ansigtet. Dagen efter var det gråvejr, og folk undrede sig over, hvordan jeg mon havde fået så meget "sol". Jeg har beholdt den lille hemmelighed for mig selv, fordi det kunne være endt katastrofalt med 3 indebrændte børn i en campingvogn. Føj for mareridt, det siden har givet mig.

Jeg gjorde intet for at stoppe til sidst, og i 2007 sagde hun, at nu måtte vi altså blive skilt. Nu kunne hun ikke klare mit druk længere, og hun var ked af at komme hjem. Jeg syntes ellers, at alt gik så godt, for jeg var begyndt at undervise børn i guitar og søgte vildt mange legater, og jeg var da både med i skolebestyrelsen og formand for beboerforeningen, eller som jeg sagde: "borgmesteren af Årby". Nå jah, børnene gik i noget, der hed "Mælkebøtten", for at lære noget om at have en forælder, der drak lidt for meget – men det overså jeg fuldstændigt! Mine undskyldninger virkede ikke længere, og denne gang var det definitivt slut.

Jeg måtte igennem advokaten og kommunen og andre instanser, for at jeg kunne få det, som jeg gerne ville have det.

Kommunen havde bygget huset om, så det var egnet til mig, og selv om jeg vidste, at der nu ventede en helt anden og positiv pensionsmeddelelse fremadrettet, ville jeg have tingene til at køre korrekt, for jeg havde ingen stor familie i ryggen, som kunne hjælpe mig, og hvordan hendes familie nu så mig efter separationen, måtte jeg også hellere gardere mig imod med en dyr advokat. Han var rigtig dygtig og informerede mig om alt nyt i sagen, og det endte, som det skulle, og jeg kunne fortsætte livet som HUSEJER! Rent til grin, for græsset voksede stadig og skulle slås, og fortovet skulle stadig holdes ryddet for sne om vinteren, hækken skulle klippes til sankthans, og vinduerne skulle pudses en gang imellem, osv. Hvordan hulen jeg klarede de næste år, er mig stadig en gåde, for jeg klarede alt selv! Ja, dog kørte jeg på med en fast funktionspromille hver dag for at kunne holde til det hele og holde mig selv ud.

Jeg begyndte at træne i et fitnesscenter hver formiddag og bildte mig selv ind, at på den måde kunne jeg droppe alkoholen, fordi det ødelagde min træning. Efter cirka 14 dage med benhård træning og masser af proteinshakes bildte jeg så lige mig selv ind, at nu havde jeg i hvert fald fortjent bare 2 almindelige øl efter al den træning. Jeg røg desværre på en kæmpe druktur igen, og jeg fattede ingenting! Når jeg var færdig med min træning og skulle til at køre hjem igen, startede der altid en kæmpe dialog oppe i mit hoved. Hvis jeg drejede til højre, ville jeg køre direkte hjem, men kørte jeg til venstre, landede jeg ovre hos købmanden. Nogle gange lykkedes det at køre direkte hjem, men til sidst måtte jeg bukke under for trangen til alkoholen og droppede derfor min fitness.

Der gik ikke lang tid, før jeg sad ved tastaturet og var på dating, for jeg kedede mig og nød at snakke med andre kvinder igen. Lynhurtigt kunne jeg igen "score"! Desværre var jeg bare ikke specielt heldig, for jeg var "megasulten" og tog bare det første og bedste (ikke smart!), for jeg var i den bedste tro og tænkte ikke nærmere over det, før det kløede og sved helt vildt "dernede". Lægen udskrev nogle piller eller noget creme imod en "Gunnar" og gav mig en moralsk opsang om brug af kondom og bla bla, men jeg tror, han havde opgivet mig lidt, for jeg rendte derop i tide og utide, når jeg skulle have antabus, hvis jeg mente, at nu! var det nok med alt mit drikkeri. Det holdt bare aldrig, og selv om jeg lovede mine børn og omgivelser, at jeg nu var ædru, tog jeg bl.a. stangvissen ind i Telia Parken for at se FCK spille en kamp i CL sammen med min kammerat og hans knægt. Jeg havde en af mine drenge med, og jeg glemmer aldrig det sårede blik, han sendte mig (den sved!).

Kvinderne var der dog stadig, selv om jeg var fuld, men da hende den sidste stjal både en klapvogn, 500 kr. fra min pung, cd'er og noget elektronik, plus at hun var lystløgner af Guds Nåde, bad jeg hende smutte omgående! Jeg har aldrig slået på en kvinde, selv om lysten har været der af og til, men hvad skulle det hjælpe?

En dag ville jeg køre op til min mosters eksmand i Nyrup og sidde og skælde lidt ud på vores ekskoner over en gang grillmad og et par pilsnere. Jeg skulle først af sted om aftenen, så jeg kunne sagtens nå at drikke lidt for at få ro på de efterhånden ret flossede nerver, jeg havde om morgenen.

Klokken 16 eller deromkring satte jeg kursen mod Nyrup, i højt humør.

Desværre skete der det uheldige, at jeg efter ca. 1 flaske Jelzin-vodka og et par elefanter faldt i søvn bag rattet og vågnede med et sæt, da bilen kørte ud i rabatten. Jeg blokerede bremserne, men fortsatte bare med skrigende dæk ind i skoven, og min eneste tanke var: ÅH NEJ! Det her sker bare ikke ...!

I stedet for at smadre direkte ind i et træ, i den skov jeg kørte igennem, landede min Ford Transit, vodkaen og jeg oven på en kæmpestor sten, så bilen hverken kunne køre frem eller tilbage. Forruden havde fået en lang revne, og der var lidt skrammer ude foran plus et sikkert meget bulet bundkar. Nu skulle der vist brygges en god historie sammen, og det blev så gjort – overraskende hurtigt. Derefter faldt jeg i dyb søvn, ret chokeret, men tænkte bare på, at rusen måtte ud af mit system, hurtigst muligt. Et par timer efter var jeg nogenlunde klar igen. Den første bil, der kom, var én med 2 unge mennesker, som kiggede lidt chokeret på mig, og måbende spurgte den ene: "Øh, er du okay?" Ja, men jeg ønskede bare at låne deres mobiltelefon, så jeg kunne ringe efter Dansk Autohjælp, for min egen mobil lå derhjemme. Det var i orden, og imens jeg ventede på hjælpen, kunne min nødløgn jo lige så godt blive afprøvet. Altså, jeg var kommet kørende, da en due smaskede ind i forruden (deraf revnen i forruden). Bagefter løb der et rådyr ud foran mig, og selv om jeg gjorde alt for at undgå det, blev det vist ramt lidt alligevel, men løb videre, og det er derfor, der er det lange bremsespor, og derfor, jeg holder herinde! Om de åd den, ved jeg ikke, men jeg troede i hvert fald næsten selv på den og mente selv, at historien var genial.

Bilen kom fri, og jeg luntede videre, en hel del forsinket, men nu var historien klar, også selv om jeg smurte lidt ekstra på, med at jeg måtte ud og dræbe Bambi med de bare næver, da den bare lå der i lysningen og skreg blandt brændenælder og små skarpe sten. Måske tog de historien ind, eller også tænkte de bare: "Nu rabler det da fuldstændigt!"

Jeg fandt en anden sød og ret lækker pige på min datingrejse, som boede hos mig et lille års tid. Vi var rigtig gode venner med "fordel". Hun elskede sprut, hash og kokain, lige så meget som jeg selv, og vi havde vores egen lille lukkede fest hver aften. Vi sad ofte og så Animal Planet, og vi skældte tv'et ud, hvis de f.eks. viste et program med udsultede og afmagrede heste eller hunde, og pilskæve af hash og sprut sad vi tit og sagde ting, som vi ikke engang selv forstod, men vi havde det vildt fedt. Engang faldt jeg i søvn pissefuld på toilettet, fik overbalance og knaldede hovedet ind i tremmeradiatoren, som var monteret lige overfor. Blodet piblede selvfølgelig ud, og i min brandert lagde jeg bare hovedet direkte ned i en møgbeskidt hundekurv, så den kunne suge det værste blod.

Der var mange af den slags situationer, og særlig én kan jeg grine af i dag:

En dag fandt jeg på, at der skulle lægges laminatgulv i hele huset, så jeg kørte ud i byggemarkedet og købte en masse laminatgulv. Jeg glædede mig til at komme i gang, og selvfølgelig var der sørget for 2 kasser øl og 2 flasker vodka til alt det hårde arbejde. Der blev savet, hamret og banket natten igennem, men da jeg vågnede næste morgen og gik ud for at besigtige arbejdet – åh Gud nej! En masse brædder var taget op af æskerne og lå nu hulter til bulter blandt et hav af tomme øldåser og en halvtom vodkaflaske. Jeg huskede ingenting og ville derfor gøre det bedre dagen efter.

Da jeg igen nåede aftenstid, var det stort set blevet færdigt, og det skulle da fejres! Jeg ville gå ud i bilen for at hente den anden flaske, overså fuldstændig, at der var snestorm, og gik fuld ud i strømper, boksershorts og T-shirt og ned ad rampen – lykkelig over mit mesterværk. Rollatoren kørte dog pludselig fra mig og kørte ned ad vejen uden fører, og der lå jeg så! Jeg fortsatte kravlende over til bilen og fandt en pose til min flaske og 10 pilsnere. Derefter kravlede jeg meget langsomt fremad, og selv om rampen var af nubret metal, der skar ind i mine knæ og hænder, var jeg helt euforisk og mærkede stort set ikke kulden eller blæsten. Jeg kom ind på mit nylagte gulv og tog vodkaflasken op til munden og bang! – endnu et blackout. Da jeg vågnede dagen efter, var der blod alle vegne, og min gang lignede et slagtehus, pga. mine sårede knæ og hænder.

Kvinder, sprut, spil, stoffer, indbrud og trusler mod folk, som jeg mente var efter mig, eller som skyldte mig penge, blev for meget på et tidspunkt.

Alkoholen og stofferne, som førhen var min bedste ven, viste nu lige pludselig sit grimme ansigt for mig. Der var intet tilbage af morskab i nogen ting længere. Mine 3 børn og andre, jeg kendte, samt mine to gode kammerater måtte altid ringe, en halv time før de kom, så de var sikre på, at jeg var nogenlunde ædru, når de ankom.

Børnene kom hver anden weekend, men som regel blev de hentet, samme dag som de var kommet, fordi jeg sad og råbte og skreg på noget, der ikke var der (paranoia). Tit sagde jeg til mine børn, at jeg lige skulle ud i spisekammeret efter smøger, og i stedet hørte de lyden af et skruelåg på sprutflasken, der blev åbnet, eller lyden fra en dåseøl, der blev kværnet. Øv, jeg var min egen mor og far op ad dage nu! Dem, som jeg havde skældt ud og grædt over. Nu var det mig selv, der var misbrugeren. Åh gud nej! Jeg magtede ikke mere. En dag tog jeg en stor brød-/kødkniv og satte den på min underarm og skar, imens blodet løb. Gudskelov var min promille så høj, at jeg ikke rigtigt kunne se, hvor pulsåren egentlig var henne.

Senere har jeg fået at vide, at der var blevet ringet til den ældste af mine drenge og sagt noget med, at jeg kunne mærke, at alt blev koldere.

Det var direkte op på "Den lukkede afdeling" i Nykøbing Psykiatri, og faktisk forstod jeg ikke, hvad i himlens navn jeg dog skulle her. Der var vildt mange abstinenser dagen efter, og en af de indsatte var pludselig helt sikker på, at jeg var Jesus, ak!

Nytårsaften var jeg nær blevet slået ned af en stor, næsten nøgen kvinde, der havde været i koncentrationslejr i Auschwitz under anden verdenskrig, og hun vidste godt, hvad jeg skulle med min krykke. Måske har hun bare været 30-40 år gammel. Normalt ville jeg have forsvaret mig, men på en eller anden måde vidste jeg godt, hvordan hun havde det, selvom jeg ikke kendte hende.

Den "voksne" prøvede at holde humøret højt ved vores bord, men det lykkedes rimelig dårligt.

Nytårsaften 2010, juhuuu! Rigtig mange var så dopet af medicin og gik tidligt i seng. De var bedøvende ligeglade med, hvad ugedag eller årstal vi levede i. Hvad hulen lavede jeg dog her? Mit kvindelige bekendtskab – hende, jeg var begyndt at tage rigtig mange stoffer sammen med – kom en dag med franskbrød, smør, laks og en flaske vodka – aahhh!

12 dage efter mente de, at jeg var "good to go". Næh, egentlig ikke, men udsigten til spritten i mit blod, flyveturen på coke og ligegyldigheden på hash og Truxal, og nu var jeg fri. Ligegyldigheden overfor andre mennesker var nu også inde over, og jeg udnyttede alt og alle til egen fordel.

Andre mennesker, sprutten, sklerosen og livet generelt var imod mig, jeg var færdig, 39 år.

Næste morgen havde jeg vilde abstinenser, men havde ikke en dråbe i huset. Jeg tog min bil og kørte skælvende ned til den købmand, der lå tættest på. Han vidste, hvad "Sutten" skulle have: 2 flasker Jelzin-vodka og 40 Rød LA, men pludselig siger han: "Der er ikke mere vodka." Nu røg der elefantbajere, Sort Guld og et par årgangsøl i kurven, og så gik jeg rystende op til kassen klokken 07.24 eller deromkring, og jeg husker, at der var en pige, der råbte:

HEJ JOHNNY! Men egentlig ragede det mig langsomt, for min fuldesyge skulle der gøres noget ved nu. Da jeg skulle til at betale, spørger ekspedienten: "Var der ellers andet?" Jeg stod og tænkte lidt over spørgsmålet, da det røg ud af mig: "JA, en hel flaske Rød Aalborg og mine 40 smøger!"

Hold da op en brandert, jeg fik på. Jeg skulle altid ud at gå, når min brandert var på sit højeste. Og derfor endte man som regel også på gulvet ude i køkkenet. Pludselig bankede det på døren, og ind kom en dame fra en eller anden organisation og spurgte, om jeg ville støtte og hjælpe! Jeg lå bare der på køkkengulvet, men fik da alligevel sagt: "Ja da! Hvis du kan hjælpe mig?"

Hun må have hentet hjælp, for pludselig tager et par stærke arme fat i min tynde krop og får mig op på en køkkenstol. Det var min genbo, der var 80 år på det tidspunkt, der fik mig op, og senere kom han så over med kold kartoffelsalat og frikadeller. Han må have tænkt sit!

Det blev enden på mit mangeårige misbrug, for kroppen sagde STOOOP! I 3 dage lå jeg der – rystende, skælvende, svedende og rigtig bange. Jeg kastede op og tissede i sengen. Der var vist kun én ting tilbage nu: DØDEN!

For en af de første gange i min drukkarriere bad jeg en stille bøn til Gud. Ja, Han måtte gerne tage mig hjem eller smide mig fluks i Helvede, da jeg simpelthen ikke kunne mere. I stedet for døden fik jeg den længste og mest pragtfulde søvn i årevis, hvor jeg bl.a. drømte, at jeg hang i en meget tynd og fin silketråd under en kæmpestor, farverig sommerfugl. Den fløj mig hen over et gadekær, der var fyldt op med vodka. Skulle tråden knække nu: Nej, åh gud nej! Jeg var drivvåd af sved og vidste, at NU var det slut. Dagen efter var der et tiltrængt bad klar til mig, og jeg kunne igen vakle derud på mine skælvende ben, men nej hvor det hjalp.

Jeg ringede og fik en tid hos sygeplejersken, der jævnligt havde givet mig antabus-pillen gennem flere år, og misbrugscentret, der også havde været meget inde over med samtaler, og "Bussen" selvfølgelig. Hvorfor mon? Psykiatrien og alverdens mennesker prøvede at hjælpe mig, men ingen kom rigtigt nogen vegne.

Men nu var jeg klar. For "at kravle under gulvbrædderne" betyder, at nu er du færdig og har nået din personlige bund.

Hun kunne glemme alt om pillen og i stedet spærre mig inde et sted, hvor der ingen sprut og stoffer var! Eller finde på noget helt andet, da jeg intet anede længere, og jeg vidste alt om, hvordan man kunne snyde antabussen og drikke alligevel.

Så sagde hun noget, jeg aldrig vil glemme: Hvad med at ringe til HA? Jeg kunne ikke lade være med at grine, for hvis hun mente, at jeg nu skulle til at være rocker på minicrosser? Ja ja … Nok havde jeg solgt piller og "jordknolde" til trængende personer og lavet en masse andet ballade, men nej, nej, neej! Denne gang havde jeg også overlevet, og nu *ville* jeg være ædru.

Jeg fandt ud af, at hun mente AA. Det anede herren ikke, hvad var, men jeg tog derhen og glemmer aldrig mødet den aften. En kvinde sagde til mig: "Johnny, hver dag bliver bedre fra nu af, hvis du holder dig ædru en dag ad gangen!" En anden spurgte, om ikke jeg kom til møde den efterfølgende lørdag … Og jeg tænkte bare: "Hvis de mennesker er alkoholikere, kan det ikke passe, for de ser sunde og friske ud." Jeg troede i stedet, at de havde lidt knald i låget, for de grinede og fortalte om dengang. De fortalte også under mødet, hvor længe de havde været ædru, og klappede helt vildt ad hinanden – 8 måneder, 4 år, 7 år osv. Men min kæde hoppede da helt af, da der var én, der sagde 23 år, og jeg udbrød midt i klapperiet "Hold da kæft!, det når jeg sgu da aldrig". Jeg kom også om lørdagen og har gjort det i flere år nu, 1 til 2 gange om ugen.

Nå, jeg kørte hjem fra møde på minicrosser, og jeg havde musik i ørene, og i dag undrer det mig, at Kim Larsens allersidste sang, inden han døde den 30. september 2018 ("Som et strejf af en dråbe"), blev spillet som hver anden sang på min mp3-afspiller i 2011 – meget mærkeligt!

Det blev et fællesskab blandt ligesindede, der forstod mig, uanset hvad jeg sagde, for de havde alle sammen haft delirium og uheld i bukserne og været vanvittige og rystende angste. De reddede mit liv, for det program, jeg nu skulle til at leve efter, havde reddet mange millioner af menneskeliv, og nu skulle det også vise sig, at alt pludselig gik rigtig stærkt – dog på den gode måde.

Jeg fik hurtigt en rigtig god "sparringspartner" eller sponsor, som det blev kaldt, der lynhurtigt kunne læse de fleste af mine problematikker, og det har været en kæmpe hjælp siden. Han præsenterede mig for både sine forældre og sin kone, som straks godtog mig som sin nye plejesøn på 38 år – ha ha! Og jeg nyder i dag stadig hendes strålende humør.

Selv om jeg "kun" havde været ædru i en lille måneds tid, føltes alting meget anderledes, og derfor nægtede jeg da også at skulle drikke mere, for pludselig havde jeg fundet noget, der var totalt ægte, i forhold til hvad jeg ellers var vant til, og det skulle ikke smides på gulvet, ligesom alt det andet, jeg havde rørt ved førhen.

Det skulle nu dreje sig om at tro på, at det ville lykkedes og lige netop var grund nok til, at jeg stadig var her – ædru og i live.

Mit store ønske var at komme i behandling, for det havde de fleste været, og de snakkede meget om deres eget ophold. Det krævede dog nogle uger på vandvognen, så jeg kunne vise, at min ædruelighed var noget mere ægte denne gang. Efter et par måneder på antabus ringede de fra misbrugscenteret og ønskede mig tillykke med, at jeg nu havde gjort mig rede til et ophold – 8 uger på Karrebæk drankerhjem, som desværre ikke eksisterer længere. Jeg jublede af glæde, og det blev absolut ikke de sidste glædestårer, der skulle falde.

Det nye holdepunkt i mit liv viste sig at være en rigtig god idé, for langsomt fik jeg det bedre.

Mit ophold på Karrebæk blev også en succes, og pludselig havde jeg været ædru i 5 måneder! Jeg lærte meget om det grundlæggende i sygdommen alkoholisme, og indimellem tænker jeg da også tilbage til dengang, da man var helt "grøn", eller den sidste brandert.

Nu var der 2 progressive og kroniske sygdomme at koncentrere sig om, men sklerosen var der jo bare, og den blev ligesom skubbet lidt i baggrunden, for jeg måtte holde fokus på min værste fjende – alkoholen – og tage det vigtigste først.

Jeg købte for kr. 675,00 vodka i bogform, for jeg måtte vide mere, men målet bliver dog aldrig nået, og sygdommen gør mig heller ikke fejlfri, som jeg troede i starten. 24 timer er, hvad der er til min disposition, og den 31.05.2019 havde jeg været ædru i 8 år.

Med Sindsrobønnen på min ryg

Rejsen hertil, hvor jeg er i dag, har været sindssygt hård og med en del udfordringer og "spøgelser", der har fulgt mig, selv om jeg prøvede at blive dem kvit. I dag har jeg accepteret, at de er inde i mit hoved en gang imellem, for jeg ved, at Gud er den stærkeste.

I 2012 fik jeg en virkelig lækker lejlighed i Holbæk, takket være min kammerats far, der vidste besked om byggeriet, der snart ville stå færdigt.

Nøglerne til huset blev lagt på skranken nede i min tidligere bank, og så sagde jeg ellers farvel og tak til mit gamle liv, da jeg kun kunne se, at det hele smuldrede totalt mellem fingrene på mig.

Jeg fik min lejlighed, og hold da op, hvor må ham der Gud have haft tillid til mig, for aldrig nogensinde før havde jeg oplevet noget lignende. Tæt på handlemuligheder, byen, McDonald's, udsigt over fjorden og handicapvenlig. Der var dejlig roligt, så jeg kunne koncentrere mig om min ædruelighed. Nysgerrigheden blev stillet ved at undersøge tingene, nu da jeg ingenting kendte udover 2 værtshuse og teknisk skole i min helt nye by Holbæk. I dag er jeg noget bedre rustet.

Jeg tog mit kørekort igen i 2014, bare for at bevise overfor mig selv, at det sagtens kunne lade sig gøre, nu hvor jeg igen var ædru og så mere klart igen. Den motorsagkyndige troede vist ikke helt på, at det kunne lade sig gøre, men jeg kørte godt og bestod køreprøven uden anmærkninger. Endnu en sejr var i hus, selvom jeg egentlig ikke skulle bruge det til noget.

I 2014 tog min kammerat og jeg til USA for at køre tværs over fra Miami til Los Angeles, en lille måneds tid på Harley-Davidson. Vi var en lille gruppe på 7 personer, 4 cykler og en følgebil. Vi kørte igennem 9 stater, og det har været den vildeste rejse ever! Før kunne man sidde på værtshuset og kæfte op om, "at man da bare kunne tage til Las Vegas og vinde den store gevinst", men mærkelig nok var lysten væk, da man kom derover som et helt og ædru menneske. Jeg var i Bourbon Street i Louisiana til en kanon blueskoncert et sted iblandt mange steder i netop den gade, hvor sprutten flød og en blanding af blues og jazz fyldte netop den gade 365 dage om året. Men det var en fed oplevelse! Jeg fløj i helikopter over Grand Canyon og så masser af andre spændende ting derovre. Lige netop på den tur lærte jeg at være taknemmelig over min ædruelighed, for jeg ville aldrig være kommet nogen steder, hvis jeg stadig havde drukket, nej, for så ville jeg med garanti have været død nu.

I 2016 lejede min kammerat og jeg en bil, som vi kunne overnatte i på diverse campingpladser, når vi ikke boede på hotelværelser. Vi kørte til Paris, hvor vi gik ture på Champs-Élysées, beskuede Eiffeltårnet m.v. Efter Paris indtog vi Barcelona, hvor børn fik lov at være børn, der enten løb rundt med en bold, et løbehjul eller en anden genstand, imens deres forældre sad og drak kaffe på en af de mange caféer, der lå rundtom på pladsen. Der var ikke noget med evigt hyldende "curlings", som vi kender herhjemmefra, og det var en ret fed oplevelse, men måske løb de også bare rundt med en hemmelig drøm i hjertet, at de en dag blev lige så gode som Messi. Camp Nou blev selvfølgelig også besøgt.

Eiffeltårnet

Vi fortsatte derefter til Rom, hvor vi besøgte både Colosseum – hvor man næsten stadig kunne lugte blodet fra alle de kampe og blodsudgydelser, der havde fundet sted derinde i tidernes morgen – Vatikanet og Peterskirken med alle dens rigdomme, og jeg kunne fortsætte fortællingen side op og side ned, men slutter med at sige: Rom bliver jeg aldrig færdig med.

Kim Larsen elskede også Rom og nød at holde ferie der.

Jeg har fulgt ham siden 70'erne, og indtil hans liv sluttede som 72-årig den 30. september 2018. Det blev en sorgens dag for hele Danmark, og jeg græd også, da jeg fik beskeden. Jeg kunne genkende rigtig mange ting i hans tekster og brugte hans musik – og gør det stadig i stor udstrækning – når jeg ville ud med noget. Hvis jeg var ædru, fuld, høj, skæv, i godt eller dårligt humør. Lige meget hvad havde jeg altid en god grund til netop at høre ham.

Jeg må dog indrømme, at alle de rejser og oplevelser, jeg har fået indtil nu, bare er sidegevinster i forhold til ædrueligheden og angsten og tømmermændene, som jeg i dag er helt kvit, takket være det hårde arbejde, der nu er lagt for dagen.

En tur i koma

I april 2019 kunne min krop bare ikke mere ... Jeg kæmpede på min måde, og kroppen på sin, så derfor endte min stædighed ud i koma, pga. en blodforgiftning. Blærebetændelse og forstoppelse, da jeg ikke kunne mærke, at jeg faktisk havde blærebetændelse. I 3 uger lå jeg og havde nogle af de vildeste "morfindrømme", som står tydeligt for mig endnu. Da jeg vågnede, var jeg slap som en karklud og måtte liftes, mades osv.

LIGE INDTIL ... "Du kan jo ikke selv komme op i seng, vel?" Så gik jeg langsomt, men systematisk og sikkert i gang med at komme tilbage ved hjælp af en masse træning. Ca. et halvt år efter kunne jeg aflevere plejeseng, lift, badestol osv. tilbage til kommunen igen. Endnu en gang havde jeg vundet over døden.

Kærligheden?

År 2020 bliver mit år! I januar skrev en rigtig sød og fornuftig tysk kvinde til mig, at hun godt kunne lide min historie/fortælling inde på en anden hjemmeside (ikke dating!). Hm, godt nytår, tænkte jeg, og ønskede hende tillykke med hendes fødselsdag den 1. januar. Jeg kunne nu egentlig godt tænke mig at møde hende, for det er mærkeligt at snakke og skrive med én, man ikke kan sætte ansigt på, så jeg spurgte, om hun ville med ned og spise på "Vestersøen". Det var bare ok, og nu skulle jeg så bare vente til den 11. januar, ja, for jeg var da lidt spændt på, hvad der nu ville komme ind ad min dør. Wow, hold da k…! Den smukkeste slanke kvinde med grønne øjne kom smilende, elegant ind til en kop kaffe, og snakketøjet stod ikke stille på nogen af os. Der gik ikke mange dage, før jeg var bragende forelsket. Da vi skulle ned og spise, var liften selvfølgelig i stykker, og jeg måtte spørge hende, om hun ville bære min rollator ned ad trappen. Da vi nu holdt ude foran restauranten, låste mine ben fuldstændig, og hun måtte skubbe mig ind på plads, imens jeg nu sad på rollatoren – ikke lige sådan jeg havde lyst til at starte en date … Vi snakkede, grinede og spiste, og uden tøven hentede hun mad til os begge, og åh hvor gik det hele bare let. I dag har vi været sammen i over et år, og vores forhold hver anden weekend vokser bare, og vi bliver mere og mere glade for hinanden. Dog skete der noget frygteligt i marts 2020 … Der var konstateret corona i Kina! Rygterne svirrede, at en mand var skyld i sygdommen, fordi han havde spist flagermus, andre snakkede om et udslip fra et forsøg. Det blev hurtigt til en pandemi, og rigtig mange mennesker er nu desværre døde af det, og så er vi tilbage hertil igen. Coronaen hærger stadig i verden derude og herhjemme, men nu tilbage hertil, hvor jeg har det godt. Jeg håber ikke, rejsen var for barsk, for den ender jo lykkeligt, ik'?

Moralen i min fortælling er, at hverken sprut eller stoffer kan helbrede nogen som helst sygdom, depression eller anden skavank, man måtte have her i livet. Mærkeligt nok kan jeg egentlig heller ikke genskabe den personlighed, jeg var dengang, for gudskelov er han gemt langt, langt væk. Jeg ved, at den eneste måde, han kan vækkes til live på igen, er, hvis jeg får et tilbagefald. Når jeg tænker det igennem, har jeg alt, alt for meget at miste, og som tiden går, tænker jeg ikke så meget på at drikke, men glæder mig i stedet over at være ædru.

Jeg håber, min fortælling har givet mening for dig.

Hav et dejligt liv.